EDMOND DUTEMPLE

PARTIS & PATRIE

LA CRISE GOUVERNEMENTALE

> « La République peut périr; mais
> « la consolation d'un bon citoyen,
> « en s'ensevelissant sous ses ruines,
> « c'est d'avoir tout tenté pour la
> « sauver. »
>
> « MABLY. »

Prix : 1 franc.

PARIS

ARMAND LECHEVALIER, ÉDITEUR

61, RUE RICHELIEU, 61

1871

PARTIS & PATRIE

—

LA CRISE GOUVERNEMENTALE

Paris. — Imprimerie Nouvelle (Association ouvrière),
11, rue des Jeûneurs. — G. Masquin et Ce.

EDMOND DUTEMPLE

PARTIS & PATRIE

LA CRISE GOUVERNEMENTALE

> « La République peut périr ; mais
> « la consolation d'un bon citoyen,
> « en s'ensevelissant sous ses ruines,
> « c'est d'avoir tout tenté pour la
> « sauver. »
>
> « MABLY. »

PARIS

ARMAND LECHEVALIER, ÉDITEUR

61, RUE RICHELIEU, 61

—

1871

Tant et de si grands malheurs que notre chère France vient d'éprouver en un si court espace de temps, sont bien faits pour émouvoir tous les esprits sincèrement patriotes et pour les engager à rechercher les causes de semblables événements, seul moyen d'en prévenir à jamais le retour.

C'est dans cette pensée que je trace ces quelques lignes, persuadé que c'est non-seulement un droit, mais surtout, et principalement dans les circonstances actuelles, un devoir pour tout citoyen de divulguer, d'émettre au grand jour, ses idées lorsqu'il les croit utiles au salut de la patrie.

Ce n'est pas que je pense émettre ici des idées neuves. L'humanité est trop vieille, et je suis trop jeune pour me permettre une semblable prétention.

Mais, comme au milieu du gâchis politique actuel, le bon sens ne semble pas être chose aussi commune qu'a bien voulu l'affirmer un philosophe, et comme, d'autre part, les partis politiques paraissent se préoccuper davantage de leurs propres intérêts que de ceux du pays, je m'estimerai heureux si ces quelques conseils, dictés par le simple bon sens et le plus pur et le plus désintéressé patriotisme, peuvent hâter dans une certaine mesure la régénération de ma patrie.

E. D.

Paris, juillet 1871.

PARTIS & PATRIE

—

LA CRISE GOUVERNEMENTALE

LIVRE PREMIER

I

Il ne sert de rien de se le dissimuler, la
France aujourd'hui n'est plus « la grande
nation. » Parler ainsi, c'est faire encore de
cette phraséologie qui, à toutes les époques et
sous tous les régimes, a nui si malheureuse-
ment aux intérêts de notre patrie. C'est vouloir détourner les esprits de leur véritable voie,
c'est, en quelque sorte, les engager à s'inquié-

ter très peu des remèdes prompts et efficaces
qui seuls peuvent guérir nos blessures.

Non, la France n'est plus, en ces jours de
deuils, la grande nation. Elle l'a été, c'est possible et je n'en disconviens pas ; mais, il faut
le reconnaître, depuis dix-huit ans elle ne l'est
plus. Elle ne l'est plus depuis le jour où le ban-
dit corse s'est édifié un trône sur les débris de
la République et où le peuple a consenti à por-
ter docilement le joug qu'on lui imposait.

Elle ne l'est plus, hélas! la grande nation,
notre chère patrie, depuis que Bonaparte a usé
de tous les moyens pour avilir les âmes et pour
lancer la France dans une orgie de dix-huit
années, qui nous a conduit à Sedan et aux deux
siéges de Paris.

Et cette orgie, quel autre but avait-elle, sinon de tuer chez nous l'idée de patrie, ou tout
au moins de la fausser?

Qu'est la Patrie, en effet, dans la théo-
rie de ces gens-là ? C'est le lieu où l'on
mange le mieux, où l'on boit le mieux, où l'on
dort le mieux. C'est le lieu où l'on peut agioter,
sophistiquer, voler le plus fréquemment pos-

sible. C'est aussi le lieu où les femmes sont le plus coquettes, et où jeunes et vieux trouvent le plus de plaisirs faciles. La patrie, pour eux, n'est autre chose qu'une table d'hôte flanquée à droite d'une table de jeu et à gauche d'un lupanar.

Certes, il y aurait mauvaise grâce à le nier, Bonaparte était un homme habile. Mais tout habile qu'il fut, il ne put pas ne pas agir comme il le fit. L'inexorable nécessité le poussait à inculquer dans les esprits cette grotesque et grossière parodie de l'idée de patrie.

Car la patrie, c'est cette idée grande et généreuse entre toutes, qui fait que tous les hommes qui parlent la même langue, qui habitent la même contrée, dont les intérêts sont identiques, se reconnaissent solidaires les uns des autres et se prêtent un mutuel appui.

La circonférence de la patrie est limitée, mais son centre est partout. Partout, sur tous les points du territoire national, les cœurs doivent battre à l'unisson lorsque l'intérêt général est en jeu. Partout les esprits doivent se réjouir lorsque l'intérêt commun est sauvegardé par un citoyen quelconque, et frémir d'indignation

*

lorsque l'intérêt de tous est lésé dans la per-
sonne d'un seul.

Telle est la conception de la patrie dans toute
sa pureté.

L'on comprend que Bonaparte ne pouvait
pas accepter cette conception. La reconnaître,
c'eût été donner un démenti formel à tous ses
actes.

Mais, par un merveilleux hasard et qui prouve
combien les calculs des despotes sont souvent
déjoués par les moyens mêmes qu'ils emploient
pour maintenir leur despotisme, il s'est trouvé
qu'une partie de la génération qui est arrivée à
la vie politique sous le régime impérial, a répudié et repoussé bien loin d'elle toutes ces
théories de bas empire.

Ces jeunes se sont montrés plus sensés, plus
expérimentés que leurs aînés, qui prétendaient
les guider dans les sentiers difficiles de la vie.

Et si aujourd'hui, au milieu de nos désastres,
il nous reste une consolation et une espérance,
c'est de penser qu'une fraction, peu nombreuse
il est vrai, mais active, vigilante, dévouée,

qu'une fraction de la nation existe à laquelle n'a pas été inoculé le virus impérial.

C'est dans cette partie de la population que réside tout notre espoir. C'est elle qui, mieux que tout autre, peut entreprendre et mener à bonne fin l'œuvre régénératrice, cette œuvre qui, nécessaire au sortir d'un régime qui nous avilissait au dedans et nous abaissait au dehors, est devenue, après une guerre désastreuse et après une lutte civile aussi barbare qu'insensée, plus urgente encore pour restituer à la France son véritable caractère, pour la relever dans sa propre estime et dans l'estime des autres peuples, pour lui rendre tout son vieux prestige, pour, en un mot, la faire redevenir ce qu'elle n'aurait jamais dû cesser d'être : la grande nation.

II

Pour que la France reprenne rapidement dans le concert européen la place élevée à laquelle elle a droit, quelles mesures prendre? quelles réformes opérer?

Poser ainsi la question, c'est à peu près la résoudre.

Puisque la conduite que tient le peuple français, depuis quatre-vingts ans et plus, n'a servi qu'a le mener d'étapes en étapes aux affreux désastres que nous déplorons ; le meilleur moyen pour réparer ces désastres n'est-il pas de modifier radicalement une semblable conduite et d'en innover une nouvelle?

Or, en allant au fond des choses, en analysant, en disséquant, pour ainsi parler, la conduite que les gouvernants et les gouvernés ont tenue chez nous depuis longues années, on voit clairement que les uns et les autres ont toujours placé au-dessus des intérêts généraux du pays leurs intérêts particuliers.

Que de partis, nombreux et variés, ont existé et existent encore ! Que de partis se sont succédé au pouvoir depuis notre première Révolution ! Mais aussi combien peu de ces partis se sont montrés patriotes dans la véritable acception du mot.

En vérité, notre histoire, à dater de 1789, ressemble assez à un jeu de hasard consistant en une roue sur laquelle sont inscrits des numéros multiples qu'un joueur habile ou heureux peut amener suivant sa dextérité ou sa bonne fortune.

Il est temps que cette comédie finisse, il en est grandement temps si nous ne voulons pas que d'ici à quelques années, la nation française ne vive que dans le souvenir des peuples.

Avant d'être l'homme d'un parti, en effet, on doit être l'homme de sa patrie. Avant d'être légitimiste, orléaniste, bonapartiste, avant d'être républicain, avant d'être communaliste, nous devons tous être Français. Avant de songer à nos intérêts particuliers, nous devons songer aux intérêts de tous.

Sacrifier tout ce qui n'est que secondaire à l'intérêt supérieur de la patrie tel est le devoir, telle doit être la règle de conduite du citoyen, du véritable patriote.

C'est un axiome que pour jouir en toute sécurité de la liberté politique, l'homme doit aliéner la partie de cette liberté qui pourrait nuire à l'intérêt général.

Eh bien ! si nous tenons absolument à ce que la France redevienne une nation grande, forte, puissante, il nous faut appliquer cet axiome à l'idée de patrie. Il est nécessaire que chaque citoyen soit persuadé qu'il doit abandonner, dépouiller la partie de ses passions, de ses intérêts qui pourrait être nuisible au bonheur commun.

Si nous voulons que la France soit respectée des peuples étrangers, commençons par la respecter nous-mêmes.

III

Or, il faut bien le reconnaître, depuis longtemps les divers partis, dans les multiples combats qu'ils se livrent, la respectent ou du moins paraissent la respecter bien peu notre malheureuse patrie ; même ils ne songent guère à elle, tout occupés qu'ils sont de leurs propres personnalités. Que si, par hasard, ils la célèbrent en termes pompeux dans un placard ou un manifeste à effet, soyez certains que cet éloge ne sert qu'à masquer des visées contraires. Ah ! pauvre patrie, voilà longues années que les partis qui vivent sur ton sein se renvoient les uns aux autres ton nom sacré, s'en servent suivant leurs intérêts du moment, et en jouent, pour ainsi parler, comme d'une balle que, la partie finie, on jette loin de soi.

Les exemples abondent, et point n'est besoin de remonter bien haut dans notre histoire pour trouver la confirmation de ce que j'avance.

Au lendemain de la Révolution de 1848 n'a-t-on pas vu le parti monarchiste, qui se prétendait rallié à la nouvelle forme de gouvernement, commencer et continuer durant deux années, cette œuvre occulte de désorganisation du pays, cette guerre sourde mais incessante contre les républicains et les institutions républicaines.

Mais Bonaparte veillait, et il fit si bien que les attaques des monarchistes contre la République, devinrent autant de matériaux pour l'édification du trône impérial. De telle sorte que, les marrons tirés du feu par Raton-monarchiste, furent croqués et bien croqués par Bertrand-bonapartiste.

Qu'était la patrie à cette époque pour les monarchistes? un mot, et rien de plus. Autrement, auraient-ils cherché de gaieté de cœur à faire subir à la nation une nouvelle crise politique, qui, comme toute crise politique, devait être nuisible aux intérêts généraux?

Que ne se montrèrent-ils Français plutôt qu'orléanistes ou légitimistes, les hommes de ces partis? Que ne se rallièrent-ils, sinon par conviction, du moins par nécessité, au gouvernement, et ne lui prêtèrent-ils l'appui de leurs conseils et l'autorité de leurs noms? Si telle eût été leur conduite, nous n'aurions pas eu, sans doute, à inscrire dans notre histoire le crime de Décembre et la honte de Sedan.

Et cette humiliation elle-même, râle suprême du second, et, espérons-le, dernier empire, n'aurait-elle pu être épargnée à la France si les partis avaient su tenir une conduite plus politique et qui, en même temps, eût été éminemment patriotique.

Peut-être, ici, vais-je me trouver en désaccord avec la plupart des membres du parti républicain, auquel je m'honore cependant d'appartenir. Peut-être froisserais-je quelques susceptibilités, peut-être blesserais-je involontairement quelques amours-propres. Néanmoins, je me fais un devoir d'émettre mon opinion parce qu'elle est sincère, que je la crois

juste, et qu'en définitive, je suis Français avant
tout.

Je suis même d'autant plus à l'aise pour exprimer cette opinion que, jusqu'à nos récents
désastres, j'ai partagé l'opinion contraire, celle
que je combats aujourd'hui. Mais les terribles
événements, sous le faix desquels a succombé
la patrie, ont eu le don de mûrir les esprits. On
vieillit vite en une semblable époque. L'expérience, fruit ordinaire des longues années, s'ac-
quiert rapidement, et ceux qui loin de se laisser
guider par la seule passion, aiment et appor-
tent en toutes choses le raisonnement et la libre discussion, trouvent devant eux une riche
moisson de faits à comparer et d'utiles déduc-
tions à en tirer.

Or, en examinant attentivement les origines
du second empire, la situation qu'il fit au pays
durant les dix-huit années de son existence et
la conduite que les divers partis politiques tinrent envers lui, on peut estimer que si la France
a été vaincue, si elle a eu la douleur de ne
sortir de cette lutte que mutilée, appauvrie et
abaissée, la faute en est non-seulement à l'empire, non-seulemei   ix qui ont fait acte
d'adhésion à l'   empire, mais aussi et beaucoup

aux partis qui se sont tenus éloignés de ce régime ou qui ne se sont rapprochés de lui que pour le combattre avec acharnement, et le jeter à terre le plus promptement et le plus sûrement possible.

Certes , le jour où Bonaparte commit son coup d'Etat, le devoir commandait à tous les honnêtes gens de prendre un fusil et de courir sus au violateur de la loi.

Mais lorsque toute cette affaire fut terminée ; lorsque la victoire se fut déclarée en faveur du criminel ; lorsque, douloureux souvenir, les défenseurs du droit furent vaincus ; lorsque se produisirent les premiers symptômes qui purent faire présager que la nation était disposée à supporter assez docilement le nouveau joug, alors quelle aurait dû être la politique de tous les partis, de ceux même qui, les armes à la main, avaient fait leur devoir en résistant au coup d'Etat ?

En examinant,

Que les destinées de la nation se trouvaient désormais entre les mains d'une bande de véritables coquins ;

Que ces gens n'avaient d'autre but que celui de se maintenir au pouvoir le plus longtemps possible et par tous les moyens possibles ;

Que, par conséquent, ils étaient disposés et décidés à s'enrichir aux dépens de nos naïfs concitoyens ;

Qu'enfin une situation si anormale ne pouvait avoir d'autre résultat qu'une horrible catastrophe.

En examinant toutes ces choses, les républicains et les autres partis auraient dû comprendre :

Que non-seulement le devoir, mais, bien plus, une impérieuse nécessité, créée par la force des choses, leur commandait d'avoir pour principal objectif l'intérêt bien entendu de la patrie ; de se rapprocher, momentanément du moins, du nouveau gouvernement ; de l'éclairer de leur expérience, de leurs conseils, et de chercher ainsi à épargner à la France des maux qu'il était trop facile de prévoir.

C'est en ce sens que les républicains — qui, au lendemain de la proclamation de la première

amnistie donnée par Bonaparte, se refusèrent
à fouler de nouveau la terre française, sous
prétexte qu'elle était souillée par l'usurpateur de
Décembre, — commirent une faute.

Ils obéirent, il faut l'avouer, à des scrupules
que l'on peut comprendre sans les partager, à
des scrupules qui honorent leur caractère, il
est vrai, mais qui donnent une mince idée de
leur intelligence politique.

Si, au contraire, ces hommes, au lieu de ne
poursuivre qu'une vulgaire vengeance, avaient
jeté un regard de commisération sur leur in-
fortunée patrie livrée, sans défense, à toutes
les insanités

D'un tas d'hommes perdus de dettes et de crimes,

si, au lieu de se tenir à l'écart, ils étaient ren-
trés en France ; si , au lieu d'attaquer hai-
neusement, en toutes circonstances , par la
parole, par la plume, le régime impérial, ils
étaient venus lui.dire : « Le pouvoir, vous
ne le devez qu'à un crime. C'est là votre
tache originelle, que rien ne pourra effa-
cer. Mais, comme d'une part la nation, sauf
d'honorables exceptions, paraît accepter, dans

une certaine mesure, ce crime et s'y soumettre ; comme d'autre part, nous ne pouvons vous chasser honteusement de ce trône usurpé sans créer de violentes commotions politiques, ébranler tous les ressorts de la société française, et engendrer une crise peut-être funeste aux intérêts de la patrie, nous venons à vous, nous vous apportons notre expérience, nos lumières, nos conseils. La raison et le patriotisme seuls guident notre conduite. Nous craignons pour le sort de la Nation, et c'est à elle seule que nous faisons ce sacrifice, qui, pour être patriotique, n'en est pas moins douloureux à accomplir. » — S'ils avaient tenu cette conduite, ce langage, je ne sais si aujourd'hui le gouvernement impérial serait encore debout ou tombé, mais ce que je sais, c'est que nous ne nous serions pas précipités aussi follement dans les aventures guerrières, et que, peut-être, nous n'aurions pas eu la douleur de voir le sol national foulé par les chevaux silésiens et souillé par les atrocités de leurs maîtres.

Autre exemple. Dans les premiers temps qui suivirent la journée du 4 septembre, quel magnifique mouvement se produisit dans toute la population parisienne ? Vit-on jamais patrio-

tisme semblable, et abnégation plus grande de
toutes les passions politiques ? Les hommes
qui, d'eux-mêmes, s'étaient installés à l'Hôtel-
de-Ville ne représentaient les opinions, pour la
majorité, que de l'infime minorité des Pari-
siens, et, cependant, après un premier et bien
naturel mouvement de défiance, il n'y eut qu'un
cri, qu'une voix : « Ajournons toutes dissensions, l'ennemi est à nos portes, pensons à sau-
ver la patrie. »

Mais par une déplorable fatalité, pour une fois
que le peuple de Paris tint une conduite tout
ensemble politique et patriotique, et donna
toute sa confiance à son gouvernement, il ar-
riva que celui-ci n'eut pas la même confiance
envers lui. La population s'offrait corps et âme :
le gouvernement ne sut ou ne voulut l'em-
ployer.

Aussi qu'arriva-t-il ? Que ce splendide
faisceau de toutes les opinions unies par le patriotisme se désagrégea peu à peu, et que la
population ne tarda pas à être divisée en deux
camps : la fibre patriotique commença à vibrer
moins fort chez les uns, les autres ne virent le
salut que dans les mesures ultra-révolution-
naires. La division se mit dans la cité, elle

passa dans les conseils du gouvernement, et la capitulation devint inévitable.

Enfin, et pour terminer, plus près de nous encore ne trouvons-nous pas un exemple trop fameux, hélas ! et qui montre combien peu, dans notre malheureux pays, en ces tristes moments même où le drapeau français est couvert d'un crêpe noir, les partis abandonnent leurs rancunes et leurs passions politiques !

Je veux parler de l'insurrection communale.

Je n'ignore pas que les passions sont loin d'être éteintes, les haines loin d'être apaisées. Aussi serais-je bref et mesuré. Mais il m'est impossible de passer sous silence un fait si considérable et duquel on peut déduire de si grands enseignements.

Je ne dirai cependant que deux mots : c'est que si ce fut un acte criminel que de fomenter une insurrection alors que l'ennemi tenait garnison chez nous, ce fut également un acte impolitique qu'accomplirent les deux parties en repoussant systématiquement toute transactions, en livrant le sort de la patrie aux hasards des combats, et, par suite, en prolongeant la lutte, cependant que nos vainqueurs de la veille détenaient encore le tiers du sol français.

IV

Je serais désolé que l'on se méprît sur mes in-
tentions et que l'on m'accusât de faire ici ce
que, sous l'Empire, on appelait l'apologie du
fait accompli. J'ignore et j'ignorerai toujours
ce que c'est que se soumettre à la force par la
seule raison qu'elle est la force. Mais si je reconnais que la revendication pour le droit contre la violence est imprescriptible, je reconnais
aussi que, dans les grandes crises politiques,
les citoyens, devant placer en première ligne
l'amour de la patrie, doivent tenir compte des
nécessités du moment et chercher à faire tour-
ner le fait accompli au plus grand avantage de
la nation.

Les autres peuples nous adressent le reproche de n'être pas des gens pratiques. Le ciel
nous préserve d'être jamais des gens pratiques
dans le sens que les réactionnaires et les fourbes
de tous les régimes attachent à ce mot, c'est-à-
dire de braves bourgeois très intelligents, certes, pour les choses de leur commerce, mais
qui, une fois hors de leur boutique, sont, il faut

le dire, les plus grands sots du monde. Ce n'est évidemment pas de telles gens qui sont aptes à conduire d'une main ferme et sûre la nation vers l'accomplissement de ses destinées.

Nous devons cependant à la vérité de dire que ce reproche est assez fondé. Il est bon d'avouer ses défauts ; c'est un moyen de s'en corriger. Or le Français n'a guère, par caractère, le sens pratique, dans la bonne acception du mot. Un Français, à quelque parti qu'il appartienne, est généralement extrême en tout ; son caractère est entier, absolu ; il ne sait ou ne veut pas faire la part des circonstances ; la modération lui répugne et, plutôt que de voir ses espérances se réaliser pour la moitié, il préfère attendre longtemps, bien longtemps, leur complète réalisation, ce qui fait que la mort a le temps de le venir surprendre avant qu'il n'ait vu se lever ce beau jour. On avouera que rien n'est moins pratique.

Ce défaut, qui est celui de la généralité des Français, il est de toute nécessité que nous nous en débarrassions au plus vite. Il importe que tous nous nous pénétrions bien de cette vérité, à savoir que si des événements que nous n'avons pas créés ne doivent point, par le seul

motif que nous n'en sommes pas les auteurs,
nous faire modifier nos opinions, ils doivent
tout au moins nous faire envisager sous une
face différente les moyens de réaliser ces opinions.

Savoir profiter de toutes les circonstances et
les rendre utiles aux intérêts généraux, tel
est, en politique, le véritable sens pratique.

Assez longtemps les gouvernants ont pré-
tendu justifier leurs actes en les plaçant sous
le couvert de la *raison d'État*, ce qui n'a servi
qu'à masquer les visées ambitieuses et les mesures dictatoriales des classes dominantes. Il
est temps que les gouvernés cessent d'être les
dupes d'une semblable tactique, et cela n'aura
lieu que lorsqu'ils consentiront, non point à
transiger avec les principes, ce qui n'est point
le fait d'honnêtes gens, mais à descendre des
théories nuageuses dans le domaine de la réa-
lité des faits et à opposer, en face de la raison
d'État, la *raison de la Nation*, s'il m'est permis
de m'exprimer ainsi.

Ce n'est point, en effet, transiger avec les
principes que d'en poursuivre la réalisation
par des moyens différents de ceux que l'on
envisageait de prime abord. C'est, tout au con-

traire, servir le bien de la nation le mieux possible.

Quel spectacle plus beau, d'ailleurs, et bien fait pour élever tous les cœurs, que de voir un homme ou un parti sacrifier une portion de ses préjugés, de ses passions, de ses intérêts sur l'autel de la patrie, et s'écrier : Que mes rêves s'évanouissent, que mon nom périsse s'il le faut, mais que la Nation soit sauvée.

Pourquoi ne pas l'avouer : le citoyen, dans les tourmentes politiques, doit, une fois le calme rétabli, se rapprocher du parti entre les mains duquel le hasard vient de remettre les destinées du pays. Celui qui n'agirait ainsi que mû par une vulgaire ambition et par un méprisable intérêt personnel, serait un misérable et le dernier des hommes. Mais combien est digne de louanges le citoyen qui ne tient cette conduite que par abnégation et dans le seul but de tenter, dans la faible mesure de ses forces, d'épargner à sa cité, à sa patrie, de douloureuses catastrophes.

LIVRE II

I

De tout ce qui précède, il résulte :

1° Que jusqu'ici les partis, quels qu'ils soient, ont tenu une conduite antipatriotique, c'est-à-dire antinationale ;

2° Que, par conséquent, dans la somme des malheurs publics une part immense de responsabilité leur revient ;

3° Enfin, que la France ne retrouvera le calme, la prospérité, la grandeur qu'à la seule condition que les partis inaugurent une politique nouvelle, patriotique et éminemment nationale.

Mais en quoi consiste cette politique ?

**

Au mois de Février, au sein de la nouvelle Assemblée, les représentants de tous les partis convinrent d'ajourner momentanément la question de la nouvelle forme constitutionnelle pour se consacrer exclusivement à l'œuvre de régénération du pays. Ce pacte tacite, qui porte déjà le nom de compromis de Bordeaux, eut sa consécration dans la nomination de M. Thiers comme chef du gouvernement provisoire.

L'idée qui a présidé à ce compromis est, il faut l'avouer, neuve, grande, belle, généreuse. Mais si ce compromis est de nature à sauvegarder les intérêts bien entendus de la patrie, ce n'est qu'à la condition d'être loyalement exécuté par tous ceux qui l'ont accepté.

Or, en a-t-il été ainsi?

A quoi bon le cacher? Aujourd'hui, nous sommes bien loin du compromis de Bordeaux. On n'en parle guère plus que comme d'un fait historique, et sous peu, peut-être, nous le verrons disparaître comme fait politique.

A parler net, ce compromis n'a été exécuté loyalement, sincèrement, que pendant l'espace d'une journée tout au plus, celle où il s'est agi de nommer le chef du gouvernement provisoire. Depuis lors, il n'a existé que de nom et pour ceux-là seuls qui se payent de mots.

Voyez, en effet :

Puisque la forme constitutionnelle était réservée, pourquoi le nouveau gouvernement s'est-il intitulé République ?

Le parti républicain s'y est laissé tromper. Il n'a pas vu ou n'a pas compris que si les ennemis de cette forme de gouvernement l'acceptaient provisoirement, ce n'était que pour mieux la tuer, pour la rendre le bouc émissaire de tous nos désastres et de leurs conséquences, pour que les Français, ignorants pour la plupart hélas, prissent en aversion ce gouvernement sous lequel aucun malheur ne leur a été épargné.

Si au moins la République était administrée par des républicains, il n'y aurait que demi mal. Mais jetez un coup d'œil sur les fonctions publiques, depuis les plus infimes jusqu'aux plus élevées, et voyez si les hommes qui les remplissent sont des républicains.

Si ce n'étaient que les hommes, mais les institutions ! Toutes celles du passé monarchique nous les possédons, et plus encore, puisqu’on en a forgé de nouvelles.

Enfin, le gouvernement actuel se reconnaît tout à la fois et gouvernement définitif puisqu’il s’intitule République, et gouvernement provisoire?

Peut-on trouver galimatias semblable et anomalies plus grandes et plus nombreuses dans les annales d’un peuple.

Ce n’est pas tout :

Il ne se passe pas de jours, où, sur un point quelconque du territoire, un homme, un groupe, ou bien une feuille quelconque, organes d’un parti, ne réclame hautement la déchéance de la République et la réédification de la monarchie. Laquelle? il y en a tant. N’importe, la première venue, pourvu que cet abominable mot de République disparaisse.

Puis les princes, les prétendants qui parcourent le sol de la République (puisque République il y a) qui revoient leurs partisans, renouent de vieilles mais utiles relations, et dodelinent de la tête en s’entendant offrir une couronne par de zélés amis qui se distribuent d'avance places, emplois, grades et rubans.

Et d'un bout à l'autre du pays, on entend le ramage des royalistes, des monarchistes, le caquetage des cléricaux etc…, etc…, qui tous s'extasient sur l'honnêteté politique de leur prince, d'aucuns disent de leur Roi, et qui sont prêts à lui décerner le prix Montyon, parce qu'il n'a pas encore égorgé cette pauvre République.

Certes, sous un gouvernement stable, définitif, sous une République solidement constituée, que nous importeraient à nous républicains, que les royalistes de toutes couleurs et de tout drapeau tinssent des agissements semblables. Que nous importeraient que des hommes, qui ont eu le malheur de naître fils de roi, ne craignissent point de traîner leur misérable existence au milieu des citoyens qu'ont opprimés leur père. La République ne peut vivre que par la libre discussion et par la libre manifestation de toutes les opinions.

Mais puisque la République n'existe qu'à titre provisoire et comme essai, quoi de plus funeste pour elle que ces attaques incessantes.

Non, le compromis de Bordeaux qui paraissait devoir inaugurer une politique nouvelle, le respect de la souveraineté nationale concilié avec l'intérêt bien entendu de la patrie, ce compromis n'a pas été loyalement exécuté.

Tous les partis ont été conviés à entrer dans la lice et à concourir pour gagner le prix, — tous, sauf un seul, le parti républicain.

Et cependant, quelque sacrifiée que soit en ce moment la République, considérez combien elle a grandi dans l'estime de la nation. Je n'en veux pour exemple que la différence radicale qui existe entre les élections générales du 8 février et les élections complémentaires du 2 juillet. Quelle autre forme de gouvernement pourrait se flatter de conquérir en aussi peu de temps, dans des circonstances aussi difficiles et avec aussi peu de moyens d'action, de conquérir les suffrages d'un peuple. C'est que, si rien aujourd'hui ne milite en faveur de la République, l'excellence des principes qu'elle représente suffit.

Aujourd'hui la France, après avoir répudié toute solidarité avec les doctrines extrêmes des partis monarchiques et démagogiques a soif de liberté ; elle veut goûter à cette eau merveilleuse qui, nouvelle Jouvence, rend aux peuples qui s'en servent force, puissance et bonheur.

Trop longtemps la France a cherché ces biens dans la forme monarchique; en ces temps de douleur, elle voit combien grande était son erreur et combien la monarchie, quel que soit le manteau dont elle se couvre, quelque sous-titre qu'elle adopte, est inhabile à conduire les peuples à autre chose qu'à la ruine et au déshonneur. Elle ne voit maintenant son salut que dans la forme républicaine libérale, et depuis quatre mois, le proclame hautement chaque fois qu'elle est consultée.

La nation veut jouir des bienfaits du gouvernement républicain. C'est un fait accompli que tous les partis doivent accepter par raison et par patriotisme, sous peine de plonger de nouveau la patrie dans les horreurs de la guerre civile.

La République n'existe aujourd'hui que de nom. Qu'elle cesse de n'être qu'un vain mot, et qu'elle passe dans les faits. La régénération de la France est à ce prix.

II

A côté des vœux et des espérances de la nation, se trouvent les vœux et les espérances de l'Assemblée, de laquelle dépendent ses destinées. Or, en toute conscience, en toute impartialité, on doit le reconnaître, les idées de l'une ne répondent pas aux idées de l'autre. L'harmonie qui doit exister entre le représentant et le représenté, le mandataire et le mandant, ne se trouve plus aujourd'hui dans les rapports entre la nation et son Assemblée. J'ai démontré précédemment comment, en l'espace de quelques mois, les électeurs ont su modifier leurs opinions dans un sens vraiment libéral et patriotique. Ce mouvement, évidemment, ne s'arrêtera pas en si beau chemin, il ne peut que s'étendre. L'Assemblée, au contraire, paraît loin de vouloir faire un pas dans la voie du progrès ; elle reste stationnaire. Aussi sommes-nous destinés à voir le désaccord qui existe entre l'Assemblée et la nation, grandir en proportion du temps que durera la situation actuelle.

— Vous êtes bien bon, me dit-on, d'appeler situation l'état dans lequel est plongé la France. C'est un gâchis, c'est une anomalie, c'est tout ce que l'on voudra, excepté quelque chose de régulier et de stable.

Soit. J'accepte cette explication qui a le mérite de ne pas définir ce que tout le monde s'efforce aujourd'hui de définir, et ce qui ne peut pas l'être, par la bonne raison qu'on ne définit pas les choses vagues et incertaines.

Oui, ce qui règne actuellement en France, c'est un gâchis politique qui n'a déjà que trop duré et que l'on ne peut justifier même en le qualifiant de gâchis provisoire.

Considérez, en effet, combien est précaire l'existence du gouvernement, à quels fils fragiles elle tient et quelle épée de Damoclès est suspendue sur la tête de la nation.

L'Assemblée a confié la plus haute magistrature de l'Etat à un homme dans lequel elle n'avait et n'a encore qu'une confiance limitée ; mais il s'est trouvé que M. Thiers est tout à la fois et un excellent patriote et un très fin politique. Dans cette Assemblée qui l'a créé ce qu'il est, et qui d'un mot peut lui ordonner de descendre du pouvoir, il a su ménager les susceptibilités des monarchistes, de même que l'esprit pointilleux des républicains. Il a su devenir l'homme nécessaire aux uns et aux autres. Aucun des deux partis n'aime M. Thiers, mais chacun, par crainte de voir triompher la politique de son rival, soutient celle du président du conseil. M. Thiers ne se maintient au pouvoir que par cette antinomie et surtout à cause d'elle.

Et cependant, il suffit d'un coup de tête de l'Assemblée, d'une parole maladroite et imprudente, d'un vote de défiance pour ébranler tout cet édifice, véritable château de cartes qui ne tient que par un prodige d'équilibre, et le jeter à bas.

Ce n'est pas tout. M. Thiers est déjà parvenu à un âge où d'ordinaire les jours nous sont comptés par la nature. Il possède encore une merveilleuse lucidité d'esprit et une activité prodigieuse; cela est vrai, mais qui peut prévoir les méchants coups du sort?

Ces raisons et mille autres démontrent jusqu'à l'évidence que le provisoire actuel est par trop provisoire. Aussi voyons-nous déjà un malaise étrange s'emparer de la France ; et, si nous n'y prenons garde, bientôt le pays tout entier tombera dans un véritable marasme. Pourquoi? Parce que l'on ne bâtit pas sur le sable, parce que, lorsque la nuit arrive, nous ne sommes pas assurés du lendemain, parce que la confusion règne dans les esprits comme dans les choses, parce qu'enfin l'incertitude, l'irrésolution démoralisent, énervent l'homme et annihilent le plus sûrement ses forces.

La situation actuelle ne peut donc se prolonger sans nuire à la régénération du pays, sans compromettre gravement ses plus précieux intérêts. Aussi est-ce faire preuve d'un patriotisme éclairé et intelligent, que de réclamer la prompte cessation d'un tel état de choses, et de rechercher par quels moyens on peut, sans trop violente secousse, changer l'incertitude actuelle en certitude, modifier l'économie du gouvernement de circonstance qui existe depuis six mois et qui ne saurait exister plus longtemps sans danger, en un mot, transformer le provisoire en définitif.

Si l'on examine quelles solutions sont susceptibles de dénouer la crise exceptionnelle que nous traversons, trois principales se présentent de suite à l'esprit, et l'on voit que cette crise peut prendre fin :

1° Soit par l'intervention de la nation elle-même ;

2° Soit par l'initiative du président du conseil ;

3° Soit par l'initiative de l'Assemblée.

Solution dictée par la nation elle-même. — L'Assemblée, d'accord avec M. Thiers, ferait directement appel à la nation et la consulterait sur la forme définitive de gouvernement qu'elle veut adopter. Ce serait un plébiscite. Mais comme la France paye assez cher en ce moment l'expérience qu'elle a faite de ce mode de votation, il est plus que probable qu'elle repousserait une semblable solution. En tous cas, et même en admettant que les campagnes l'acceptent, il est certain que les grandes villes protesteraient, et au besoin, les armes à la main.

Cette solution, qui n'aurait d'autre résultat que de fomenter troubles et dissensions, n'est donc acceptable en aucune manière.

Solution émanant de l'initiative de M. Thiers.
— Le président du conseil, fort de l'autorité qu'il tient de vingt-six colléges électoraux prononcerait la dissolution de l'Assemblée, et par le même décret, convoquerait à bref délai les électeurs à l'effet de nommer une Constituante.

Ce serait un acte dictatorial au premier chef. Mais il est douteux que la nation l'accepte et s'y soumette. Les représentants, d'ailleurs, auxquels d'un trait de plume, M. Thiers viendrait d'ôter la portion de pouvoir dont ils sont si fiers, se refuseraient à reconnaître cette solution. Les chefs de chaque parti se répandraient dans les provinces, criant à la trahison. Les légitimistes s'écrieraient : M. Thiers veut nous ramener les d'Orléans! Les orléanistes diraient : M. Thiers travaille pour Henri V. Enfin, les républicains affirmeraient que M. Thiers a l'intention de faire revivre l'honnête époque où florissait le droit de jambage. Ce serait un charivari politique digne des temps carnavalesques et tel que la France n'en a jamais vu.

Cette solution est donc également inacceptable.

Nous ne ferons pas à M. Thiers l'injure de supposer qu'il se débarrassera du fardeau des affaires publiques, par le seul motif qu'il le trouve trop lourd. Ce serait également une solution, mais M. Thiers a trop de patriotisme, croyons-nous, pour vouloir augmenter encore, si c'est possible, le galimatias politique qui existe.

Solution émanant de l'initiative de l'Assemblée. — Ici trois hypothèses.

1° Ou bien l'Assemblée s'érige elle-même en Constituante et tranche ainsi la question.

Mais qui ne voit que cette solution est plus inacceptable encore que les deux premières. Celles-ci ont au moins le mérite de donner, plus ou moins légalement, plus ou moins opportunément à la nation, voix délibérative au chapitre. Rien de semblablable dans ce cas. L'Assemblée impose au pays sa propre volonté qu'elle a substituée à la volonté générale.

Si encore cette Assemblée représentait les opinions, les vœux, les espérances de la majorité des électeurs, le mal serait moins grand. Mais, dans la journée du 2 juillet, ceux-ci n'ont-ils pas témoigné du désaccord qui existe entre l'Assemblée et la nation ?

Enfin, et quand même toutes ces raisons n'existeraient pas, une question d'honnêteté politique interdit à l'Assemblée d'agir ainsi. Elle a été élue en effet, avec un mandat déterminé et les électeurs n'ont pas porté leurs suffrages sur de futurs constituants, mais sur des hommes qui représentaient tant bien que mal leurs opinions au sujet de la continuation de la guerre ou de l'acceptation des préliminaires de paix.

Il est bon de rappeler les origines de l'Assemblée actuelle. On paraît les oublier un peu trop. Certes, c'est une belle chose que de posséder une sept cent cinquantième partie de la souveraine puissance, mais il faut savoir aussi faire plier à propos son intérêt personnel devant l'intérêt général.

La nation assurément pour tous les motifs que nous venons d'énoncer, ne reconnaîtrait pas la validité d'une semblable décision, et loin de donner un bill d'indemnité aux vœux et aux désirs de ses représentants, elle ne tarderait pas à trouver le moyen, soyez-en assurés, de leur signifier promptement leur congé.

2° Ou bien l'Assemblée nomme M. Thiers président de la République et se dissout pour faire place à une Constituante.

Mais cette solution elle-même est impossible, car agir ainsi, ce serait ou se prononcer sur la forme de gouvernement, ce que ne veut pas l'Assemblée, et surtout en ce sens ; ou bien, ce serait fixer une nouvelle existence au provisoire actuel et ajourner la solution à deux ou quatre ans; enfin, dans les deux cas, ce serait créer une Constituante qui, aussi longtemps que dureraient les pouvoirs de M. Thiers, n'aurait rien à constituer, puisque la question constitutionnelle serait ou résolue ou réservée.

Cette solution est donc impossible et digne d'aller rejoindre celles que nous avons examinées précédemment.

3° Reste une troisième hypothèse. L'Assemblée vote une loi électorale, fixe elle-même la date du scrutin pour la Constituante, prononce sa propre dissolution et charge le président du conseil d'administrer les intérêts du pays durant l'intervalle qui s'écoulera entre ces deux dates.

Nous n'entrevoyons qu'une seule solution possible à la crise actuelle, et c'est celle-là.

En effet, cette solution qui a l'avantage de réunir tout ce que les hypothèses examinées ci-dessus ont d'acceptable, possède un double mérite : en donnant à chaque parti d'égales espérances, elle prévient toute commotion politique et fait passer la France du régime provisoire à un régime stable, régulier, définitif, sans autre transition qu'une féconde agitation électorale ; d'un autre côté, elle ne surprend pas la bonne foi de la nation en lui posant une question plébiscitaire (genre de question qui, semblable au procédé de Socrate, amène forcément la réponse qu'on désire), mais, au contraire, elle laisse aux électeurs toute latitude et toute liberté pour se prononcer en connaissance de cause.

Enfin cette solution est la seule rationnelle, la seule patriotique, en ce sens qu'elle sauvegarde également et les intérêts particuliers des partis et les intérêts généraux du pays.

———————

Comment terminerais-je mieux cet opuscule qu'en m'adressant à vous, représentants de la nation, qui possédez le pouvoir de changer en peu d'heures les destinées de la France, de faire son bonheur si vous savez être patriotes avant tout, ou son malheur, si vous sacrifiez ses intérêts à vos intérêts de parti.

Un jour, au sortir d'épouvantables catastrophes, le pays eut confiance en vous; il vous chargea de régler son sort. Est-ce trop vous demander que vous supplier de justifier cette confiance ?

Ah! ne cherchez pas à imiter la conduite que tinrent trop longtemps les partis, et qui est une des causes premières de nos malheurs. Ne pensez pas, au milieu des ruines qu'ont accumulées et la guerre étrangère et la guerre civile, à satisfaire vos passions, vos espérances. Considérez en quel malheureux état se se trouve aujourd'hui la Patrie. Songez que le sol national est encore souillé par la présence des soldats de Guillaume, que nous devons payer quatre milliards, et que nos deux chères sœurs, Alsace et Lorraine, nées à la vie française il y a deux siècles, ont été, de par le fait brutal de la force, violemment séparées de la mère patrie.

Songez à la perturbation morale que la guerre civile a jetée dans les diverses classes de la société. Songez que, sous peine de voir des insurrections semblables se reproduire, nous devons chercher à déraciner les abus ; que nous devons assurer à tous les travailleurs la somme de bien-être à laquelle ils ont droit et sans laquelle on ne peut vivre ; enfin qu'une nouvelle nuit du 4 août est nécessaire pour reconstituer sur des bases justes et équitables la société française.

Songez à toutes ces choses et occupez-vous un peu moins des petites intrigues parlementaires dans lesquelles vous semblez vous complaire. Que sont les personnalités en face des principes ? Que sont les hommes en face de la Patrie.

O représentants de la nation ! donnez au pays, à l'Europe, au monde entier un magnifique exemple. Montrez que les Français sont encore dignes de l'estime des peuples, et que nous ne sommes pas tombés si bas que nous ne sachions sacrifier tout au salut de la Patrie, lorsqu'elle est en danger. Ajournez vos dissensions. Appelez, à bref délai, la nation à se prononcer dans ses comices électoraux, et séparez-vous au cri de : Vive la Liberté ! vive la Patrie !

Et vous aurez bien mérité de la France.

TABLE

LIVRE Ier

LIVRE II

Paris. — Imprimerie Nouvelle, (Assoc. Ouvr.), r. des Jeûneurs, 14
G. Masquin et Cⁱᵉ.